TEATRO

EDICIONES ANTÍGONA

Ediciones Antígona, S. L.
C/ Groenlandia 6, local 2.01. 28909 (Getafe - Madrid)
Tel: 911.895.443 / 640.631.054
info@edicionesantigona.com
www.edicionesantigona.com

Primera edición, 2025

Directora de la colección: Conchita Piña
Fotografía de cubiertas: Palen
Diseño de cubiertas: IJdesign sobre una cartel de Ulises Martín
Director editorial: Isaac Juncos Cianca

ISBN: 978-84-10060-60-9
Depósito legal: M-27321-2025

Impreso en España / Printed in Spain

NEVENKA

MARÍA GOIRICELAYA

ÍNDICE

DRAMATIS PERSONAE
(por orden de aparición)

PERIODISTA 1
PERIODISTA 2
PERIODISTA 3
NEVENKA
ANTONIO
MADRE
ISMAEL
ROCÍO
ABUELA
SARA
JORGE
PADRE
PSIQUIATRA
HOMBRE 1
PSICÓLOGA
VOZ 1
VOZ 2
VOZ 3
VOZ 4
PORTAVOZ
PP
SONIA

NOVIO DE SONIA
HOMBRE 2
MÉDICO
MUJER 1
MÓNICA
ALICIA
FISCAL
JUEZ
VOZ 5
VOZ 6
VOZ 7
RECEPCIONISTA
JUANA
ANA
ADRIÁN
ENFERMERA
SILVIA
CONCHI
TERESA
SARA
TELEFONISTA

FICHA ARTÍSTICA Y TÉCNICA

Nevenka se estrenó el 10 de marzo de 2023 en el Teatro Alhambra
con el siguiente

REPARTO

NEVENKA - Gema Matarranz
PERIODISTA 2, ANTONIO, ISMAEL, JORGE, PADRE, HOMBRE 1,
VOZ 2, VOZ 4, NOVIO DE SONIA, HOMBRE 2, MÉDICO, JUEZ,
VOZ 6, ADRIÁN - Ales Furundarena
PERIODISTA 1, PERIODISTA 3, MADRE, ROCÍO, ABUELA, SARA,
PSIQUIATRA, VOZ 1, VOZ 3, PORTAVOZ PP, SONIA, MUJER 1,
MÓNICA, ALICIA, FISCAL, VOZ 5, VOZ 7, RECEPCIONISTA,
JUANA, ANA, ENFERMERA, SILVIA, CONCHI, TERESA, SARA,
TELEFONISTA - Marta Megías

Dirección y dramaturgia - María Goiricelaya
Ayudante de dirección - Ane Pikaza
Escenografía - Álvaro Gomez Candela
Vestuario - Laura León
Diseño de iluminación - David Alkorta.
Música - Ibon Belandia
Espacio sonoro - Ibon Aguirre.
Producción - Histrión Teatro
Fotografía - Gerardo Sanz.
Técnicos en gira - Juan Felipe 'Tomatierra' y Ernesto Monza
Producción - Histrión Teatro y Portal 71
Producción ejecutiva - Nines Carrascal y Sonia Espinosa
Distribución - Nines Carrascal

SIGNOS DENTRO DEL TEXTO:

(/) significa que la frase siguiente interrumpe el discurso.

Un diálogo sin discurso escrito significa que el personaje permanece callado.

I
RUEDA DE PRENSA 1

Exterior del Hotel Temple. A su salida, decenas de flashes golpean a una mujer de veintiséis años.

PERIODISTA 1
 ¡Aquí por favor, Nevenka!

PERIODISTA 2
 ¡Aquí, por favor!

PERIODISTA 3
 ¡Aquí Nevenka, aquí!

NEVENKA
 La rueda de prensa se había anunciado ese mismo día, sobre las diez de la mañana, al poco de poner la denuncia. Temíamos que Ismael la boicoteara si conocía de su existencia con antelación. Es 26 de marzo de 2001. Salgo de Madrid con el tiempo exacto: para no llegar a Ponferrada ni pronto ni tarde. En el coche de atrás.../

ANTONIO
 Antonio Barreda, su abogado. Voy detrás del coche de Adrián, su novio, que conduce con ella al lado mientras ella pone y quita la música para relajarse. Nos detenemos en la carretera para desayunar.

NEVENKA

Yo tomo un té.

ANTONIO

Yo un café solo. Montamos de nuevo en los coches y hacemos el resto del viaje sin parar.

NEVENKA *marca en su móvil. Tonos. Alguien coge.*

NEVENKA

Mamá, voy de camino.

MADRE

¿Estás segura de lo que vas a hacer?

NEVENKA

De lo que va a pasar no, pero de que quiero hacerlo sí.

MADRE

Hija, date la vuelta, vuelve a casa.

NEVENKA

¿Pero a qué casa, mamá? ¿A qué casa?

NEVENKA *cuelga consternada.*

NEVENKA

Entramos los tres juntos en el Hotel del Temple. Paso por el baño y cuando salgo nos dirigimos a la sala abarrotada de periodistas.

ANTONIO

En el centro, sobre una pequeña tarima, hay una mesa llena de magnetofones y micrófonos de radio. Nos sentamos. Ella lleva el pelo recogido/

NEVENKA
No me he maquillado/

ANTONIO
Unos pantalones negros y una rebeca oscura y grande, /

NEVENKA
de punto grueso, algo desgastada.

ANTONIO
Alguien del entorno del alcalde dirá después que aquel modo de exhibirse, con una chaqueta «como de su abuela», era una escenificación. Hablarán de la ropa, pero no de su extrema delgadez, de sus ojeras, del rictus de su cara ni del modo en el que le tiemblan las manos. Nadie hablará de lo que ha quedado de esta mujer después de meses de terror.

II
KARAOKE

Suenan los primeros acordes de «Sabor de amor» de Danza Invisible. Interior de un karaoke. NEVENKA *e* ISMAEL *toman una copa. Él canta mientras ella le observa y se ríe.*

ISMAEL
¡Ven a cantar!

NEVENKA
¡No!

ISMAEL
¡Venga, no seas sosa! ¡Ven!

NEVENKA
 Es que me da mucha vergüenza.

ISMAEL
 Venga, canta conmigo.

 Finalmente, NEVENKA *se anima y canta tímidamente.*

ISMAEL
 ¿Qué te pido?

NEVENKA
 Nada, estoy bien.

ISMAEL
 Mujer, no seas aguafiestas, que hemos venido a pasarlo bien. ¿Qué quieres?

NEVENKA
 Bueno… pues… una cerveza con limón.

ISMAEL
 ¿Nos pones un ron cola y una cerveza con limón? / ¿Y? ¿Estás contenta?

NEVENKA
 Pues claro.

ISMAEL
 A ver; yo lo tuve claro desde el principio: que ibas a ser una concejala fantástica. Lo que no sabía es que me ibas a gustar tanto.

 ISMAEL *la besa y ella sonríe. La* CAMARERA *trae las copas.*

III
RUEDA DE PRENSA 2

Pasillos del Hotel Temple.

ROCÍO

Ella se ha levantado a las seis de la mañana. Los ansiolíticos y somníferos no han hecho bien su trabajo. Conoce a varios de los periodistas locales, aunque en la sala hay muchos rostros nuevos.

NEVENKA

Me sé el texto de memoria. Lo he escrito y reescrito mil veces.

ANTONIO

Muy buenos días a todos. La concejala se limitará a leer un comunicado y posteriormente se retirará. Si queréis hacer alguna pregunta, os responderé yo.

NEVENKA

Buenos días. Os he convocado para que conozcáis que en el día de hoy presento mi dimisión como concejal del Ayuntamiento de Ponferrada.

ROCÍO

Durante los últimos meses habían circulado todo tipo de rumores y comentarios malintencionados sobre ella.

NEVENKA

Sé que se han lanzado todo tipo de invenciones sobre las causas de mi baja, /

ROCÍO

Desde que había ingresado en algún tipo de secta a que

17

había abandonado la ciudad porque estaba siendo sometida a una cura de desintoxicación. /

NEVENKA

Nada de esto es cierto. Todo es absolutamente falso. Jamás, y digo jamás, he consumido drogas y, por supuesto, jamás se me ha pasado por la cabeza formar parte de una secta. Los motivos que me han mantenido apartada de mi responsabilidad y que a continuación explicaré únicamente responden a una palabra:/

ROCÍO

Dignidad.

IV
COMIENZO

Suena «Cuando brille el sol» de La Guardia.

NEVENKA

Es 4 de abril de 1999, Domingo de Resurrección. Yo vengo de pasar cuatro días en la nieve con Rubén, mi novio. Al mediodía llegan mis padres, mi hermano Diego y Silvia, la pequeña. Están todos muy morenos. Vienen de sus vacaciones de Semana Santa.

MADRE

¡Voy a deshacer maletas! Quenqui, mira a ver: hay mensajes en el contestador.

NEVENKA

¡Voy!

Suena el contestador automático.

ABUELA

Hola, hija, ¿qué tal? ¿Ya habéis llegado? Pasé el otro día a regaros las plantas. Avísame de que ya estáis en casa. Iré el jueves a comer y a llevarte unos pimientos que me trajo la tía. Un beso. /

SARA

Hola familia, que veo que no estáis. Nada, os llamo mañana. Venga, besos. /

JORGE

Hola, Francisco, soy Jorge López Muro. Llevo varios días intentando ponerme en contacto con tu hija Nevenka. Dile, por favor, que necesito hablar con ella. Te mando un abrazo. Espero que estéis bien.

NEVENKA *para el contestador.*

NEVENKA

¿Y de qué quiere hablar?

PADRE

Pues no sé, hija. A lo mejor te ofrecen un puesto en las listas electorales. Las están preparando ahora.

NEVENKA

Pero, papá, ¿cómo me van a ofrecer a mí eso si no pertenezco al Partido Popular ni a ningún otro, ni nunca he estado metida en política? / Yo creo que mi padre ya sabía que Jorge me iba a llamar y para qué. Le devolví la llamada. / Jorge, hola, soy Nevenka Fernández. Hola, ¿cómo estás? Bien, bien, recién aterrizada de las vacaciones, pero bien. Sí, sí, escuché el mensaje. Sí, claro. ¿Hoy? Sí, vale. A las cinco. Perfecto. Museo. Sí, la conozco. Os veo allí entonces. Muchas gracias. Hasta luego. / Cuelgo el teléfono y al rato

19

me preparo para la cita. Llego a la cafetería y el alcalde y el teniente alcalde ya están sentados allí. Saludos de rigor.

JORGE

¿Qué quieres tomar?

NEVENKA

Un té.

ISMAEL

Ya sabes que estamos elaborando las listas del Partido Popular para las próximas elecciones municipales y te queremos proponer que formes parte de ellas.

NEVENKA

El PSOE presenta a aquellos comicios a Rocío Martín, una mujer joven (aunque no tanto como yo), que trabaja como pediatra para la Seguridad Social. El PP también quiere mujeres en sus filas. Joven, con estudios y de una conocida familia de empresarios. Yo soy perfecta.

ISMAEL

Ya sé que no estás afiliada al PP, pero eso no nos importa. Yo mismo no creo en eso del «partido». Yo creo en las personas, la lealtad debe ser hacia las personas. De hecho, nosotros no somos más que un grupo de amigos que, por encima de partidos y rollos políticos, lo único que queremos es luchar por Ponferrada. Yo no te conozco personalmente, tampoco conozco a tu padre, pero tengo por mi amigo Jorge muy buenas referencias de tu familia, sobre todo de tu padre, y por eso hemos decidido hacerte esta propuesta.

NEVENKA

Después de media hora sin que me hagan ninguna

proposición concreta decido avanzar. / Bueno, yo estoy en Madrid, haciendo un máster que no terminaré hasta el 7 de julio y trabajando en Arthur Andersen. Tengo muchas posibilidades de quedarme, así que necesitaría saber qué es exactamente lo que me proponéis y cuánto tiempo tengo para decidirlo.

ISMAEL

Irás entre el número tres y el cinco.

NEVENKA

¿Entre el tres y el cinco?

ISMAEL

Sí, para salir, vamos. Es decir, serás concejal, eso seguro. El sueldo no es muy alto, entre ciento veinte y ciento cuarenta mil pesetas al mes, pero... /

NEVENKA

Mientras la conversación sigue yo hago cálculos mentales. Me apetece volver a Ponferrada. El sueldo no es increíble, pero podría vivir al principio con mis padres y estaría más cerca de Rubén, que está estudiando en León. Podríamos vernos los fines de semana. Y, además, si no tengo dedicación exclusiva pues puedo redondear mi sueldo con otra empresa y ganar bien... / ¿Exactamente qué hace un concejal?

ISMAEL

Tú estate tranquila porque vas a contar con todo el apoyo que necesites.
Entiendo que es una decisión importante. Piénsalo y hablamos.

NEVENKA

Charlamos un rato más y quedo en decirles algo antes del

jueves, día en el que el PP quiere hacer pública la lista. Vuelvo a casa y se lo cuento a mis padres.

Salón familiar.

MADRE

A mí no me convence.

PADRE

Pues no sé por qué dices eso.

MADRE

Porque ya se sabe lo que dicen del alcalde. Que le gustan más las mujeres que a un tonto un pirulí…

PADRE

Bueno, por favor, no digas tonterías. Le han ofrecido este trabajo porque saben que puede hacerlo muy bien. Esto, además, le permite a Quenqui compaginar perfectamente la concejalía con el año y medio de prácticas que necesita para presentarse al examen de auditor. De hecho, conozco a un auditor de aquí que podría introducirla en su despacho para las prácticas. ¿Qué te parece?

MADRE

Pues que no me gusta, ya te lo he dicho.

PADRE

Ya me encargaré de que Jorge cuide de ella.

NEVENKA

A mí esto no preocupa en absoluto, así que, para valorar la propuesta de la forma más simple, cojo una cuartilla y la divido en dos columnas. Contras:

MADRE
Entrar en política. Hija, no sabes nada de esto. Supone un cambio de vida total.

NEVENKA
Pros.

PADRE
Quenqui, es una oportunidad de trabajo. Vuelves a Ponferrada. Nos tendrás más cerca a nosotros y a Rubén. Puedes compatibilizar el trabajo con las prácticas, tendrás independencia económica y, además, Jorge es una persona de mi confianza y él cuidará de ti.

NEVENKA
Dije que sí. Durante el mes y medio siguiente, el tiempo que precede a las elecciones, mis compañeros de lista hacen campaña electoral mientras yo trabajo en Arthur Andersen. A lo largo de esas semanas sólo veo al alcalde en tres ocasiones: una, en Valladolid, donde nos reunieron, para conocernos, a todos los aspirantes a concejal que formábamos parte de la lista; otra, en un mitin, también rodeados de mucha gente; y una tercera que me resulta muy extraña. Yo estoy volviendo a Madrid en mi coche después de ese mitin del fin de semana y suena mi teléfono.

Sonido de teléfono.

ISMAEL
Nevenka, hola.

NEVENKA
Hola.

ISMAEL
¿Dónde estás?

NEVENKA
En el coche, de camino a Madrid.

ISMAEL
¿A qué altura?

NEVENKA
Cerca de Tordesillas.

ISMAEL
¡Qué casualidad! Yo estoy volviendo de Madrid de dejar a Carmen y estoy muy cerca. ¿Qué te parece si nos encontramos un momento en la cafetería donde paran los ALSA y charlamos un poco, que hasta ahora apenas hemos tenido oportunidad?

NEVENKA
Me presento en la cafetería con alguna prevención. Me acuerdo de la mala fama del alcalde en su relación con las mujeres. Varias personas ya me han advertido, sobre todo después de ver que iba tercera en listas. Me siento rara porque él me impone bastante, pero la conversación es agradable, como si nos conociéramos de toda la vida. El tono es amistoso, paternal. Hablamos de trabajo y enseguida de su vida personal.

ISMAEL
Acabo de dejarla en Madrid, en casa de su hermana. Está muy mal ya.

NEVENKA
Lo siento mucho, Ismael.

ISMAEL
Le queda muy poco tiempo y lo peor son los niños, que

llevan cuatro años viendo cómo su madre se muere. No sé qué… Es terrible.

V
MI MUNDO

Casa de los abuelos de NEVENKA.

NEVENKA

Tengo quince años y estoy pasando el día en casa de mis abuelos paternos, en Ponferrada. Encuentro una caja con fotografías familiares. Entre ellas, está el Libro de Familia de mis padres. Lo abro por curiosidad, para ver la foto, y leo los datos contenidos en él.

MADRE

Nuestra fecha de la boda y la de su nacimiento no «cuadran».

NEVENKA

Según el Libro, yo he nacido a los dos meses de la boda… No lo entiendo… ¿cómo? / ¡Mamá! Mamá, mira, creo que estas fechas están mal…

MADRE

Bueno, hija, bueno, deja eso, tantas tonterías de verdad…

NEVENKA

Yo nazco en 1974 en el seno de una familia acomodada y esto en aquella época… hubiera sido un escándalo. Vine al mundo fuera de plazo. Mi madre, Dolores, era hija del panadero de un pueblo de Ciudad Real.

MADRE

Dos hogazas, una barra y seis bollitos. Son cuarenta y cinco pesetas.

NEVENKA

Cuando tenía diez años, mamá enferma de cáncer y su familia viaja a Madrid para que tenga los cuidados que precisa. Mi abuelo materno se gasta todo el dinero que tiene en la «bomba de cobalto» y la panadería queda en manos de un socio. Finalmente, acaban perdiéndola y mi familia se instala definitivamente en Madrid.

MADRE

Yo acabo el instituto y me pongo a trabajar.

NEVENKA

Cuida niños. Francisco, mi padre, era hijo de un empresario de Ponferrada.

PADRE

Tenía entonces veintiún años y estudiaba en Madrid.

NEVENKA

Es allí donde papá y mamá se conocen. Cuando se enteran del percance, la familia de mamá la echó a la calle.

MADRE

Yo estaba embarazada de seis meses y no tenía adónde ir, así que cojo la maleta, me dirijo a la estación de autobuses y aparezco en Ponferrada. Llamo a la puerta de mis suegros y ellos me aceptan de mala gana porque Francisco está estudiando y aquello daba al traste con sus estudios.

PADRE

Hacemos frente a la responsabilidad familiar y nos casan clandestinamente dos meses antes de que nazca Nevenka para evitar el escándalo.

NEVENKA
Cuando llega la hora del parto, a mi madre la inscriben en la residencia de la Seguridad Social de Ponferrada en calidad de «criada». Técnicamente, soy, pues, la hija de la criada de mis abuelos. Nací fuera de fecha y de lugar. Y nací mal: con una hernia que tuvieron que operarme cuando tenía cuatro meses. Era poca cosa y un poco fea. Y mi madre cuando me vio, preguntó decepcionada.

MADRE
¿Y para esto he sufrido yo tanto?

NEVENKA
Mamá, que nunca estaba en condiciones de pedir nada puso una rara condición.

MADRE
Quiero que se llame Nevenka.

PADRE
¿Nevenka?

NEVENKA
Otra forma más de descolocarme porque vivir en Ponferrada con ese nombre era como vivir en la estepa rusa llamándose Mari Carmen.

MADRE
Es que yo quiero que se llame Nevenka. Me da igual que no esté en el santoral.

PADRE
¿Sin el «María»?

MADRE
Pues muy bien: María Nevenka entonces. Le puse este

nombre en homenaje a una amiga rusa que tuve cuando era joven y con la que hice un pase de modelos en El Corte Inglés.

NEVENKA

Después no volvió a saber nada de ella. Todos nacemos con marcas y yo siempre he sentido que, de algún modo, tenía que hacer méritos para conseguir un lugar en mi familia. Siempre he sido la buena, la sensata, la estudiosa. Yo soy esa chica a la que, si le dicen que había que estar en casa a las diez, llegaba a las diez menos cuarto.

PSIQUIATRA

«Comprensiva patológica». Son personas que tienen tendencia a ponerse en los zapatos del otro. Complacencia, empatía… Esta mujer es la hija de un empresario colabora en la confección de la lista de un partido del que ella misma acaba siendo concejal.

VI
JURA DEL CARGO

NEVENKA

Yo, Nevenka Fernández prometo por mi conciencia y honor cumplir fielmente las obligaciones de mi cargo de concejal del Ayuntamiento de Ponferrada…/ Juro mi cargo el 23 de julio de 1999. Ese mismo día me marcho al pueblo de mi padre, Villadepalos, muy cerca de Ponferrada, donde había montado con unos amigos una «bodeguilla» por ser las fiestas de la localidad. Ismael aparece en algún momento con otras personas y se queda toda la noche en la bodega, tomando copas.

ISMAEL

Quenqui, ven, ven, Cuéntales cómo…. Diles, mujer. Eres muy guapa, ¿sabes?

NEVENKA

Me lo dijo creo más de mil veces aquella noche. Al cabo de pocos días volvimos a hablar, esta vez en su despacho.

ISMAEL

Ya sé que no tiene que ver con lo que hablamos, pero he pensado en ofrecerte la concejalía de hacienda y Comercio. Es de dedicación exclusiva.

NEVENKA

No me lo podía creer. Recién licenciada y el sueldo era de unas trescientas mil pesetas al mes. Ni en mis mejores sueños podía imaginarme algo así. / Bueno, si tú confías en mí para tanta responsabilidad, acepto lo que decidas.

ISMAEL

Tengo que hacer unos ajustes en el equipo de gobierno… pero en unos días podré decirte algo.

NEVENKA

Así fue. Poco después, a primeros de agosto, y ya investida como concejal de Hacienda y Comercio, acudo a Las Dehesas, su pueblo, cercano a Ponferrada, para asistir a una cena-homenaje al cantante Amancio Prada, natural del lugar.

Suena «Libre te quiero» de Agustín García Calvo.

NEVENKA

Fui con mi padre porque Rubén estaba en León, preparando los exámenes. Había unas quinientas personas, todos los concejales y sus parejas estábamos sentados a una mesa bastante alejada de la principal, en la que se encontraban el alcalde y Amancio junto a otras personas. Estábamos tomando el postre…

HOMBRE 1

Dice Ismael que vayas.

NEVENKA

Tuve que atravesar llena de vergüenza todo el comedor para alcanzar la mesa del alcalde.

Consulta de la PSICÓLOGA.

PSICÓLOGA

¿Te pareció normal?

NEVENKA

Claro que no, pero mi padre estaba allí y Carmen, su mujer, también. Aquella fue la última vez que la vi. ¿Cómo iba a pensar que...?

ISMAEL

Amancio, esta es Nevenka, la nueva concejal de Hacienda. ¿Has visto qué fichajes hacemos?

PSICÓLOGA

Claramente, él quería exhibirte.

NEVENKA

No me di cuenta. No me daba cuenta de que me cosificaba, que yo era... un objeto, que... me exhibía como quien enseña su coche nuevo. No sabía defenderme... me... me encontraba tan mal... / Cuando su mujer muere, Ismael está una temporada sin aparecer por el ayuntamiento. Cuando se reincorpora, los concejales más próximos a él (yo entre ellos) consideramos que es una obligación moral ayudarle a superar el luto, por lo que se convierte en costumbre ir a cenar juntos al salir del trabajo.

ISMAEL

Esta noche vamos a cenar Darío, Carlos y yo. Vendrás, ¿verdad?

NEVENKA

Y yo iba. Me daba pena. Daba la impresión de que no tenía a nadie, sólo a nosotros. Pensaba que era un hombre sensible y creí. Creía todo lo que me decía. Le admiraba por lo que había conquistado, por lo que había hecho... A veces, hasta yo misma lloraba.

VII
MEDIOS

Audios de varios medios de comunicación.

VOZ 1

Nevenka Fernández, concejala del PP de Ponferrada, ha presentado hoy su dimisión tras demandar por acoso el alcalde de esta localidad/

VOZ 2

Acusa a Ismael Álvarez, alcalde de Ponferrada, de acoso/

VOZ 3

Descalificaciones y vejaciones que hicieron que la edil/

VOZ 4

Ha presentado ya una querella.

Un teléfono.

NEVENKA

El teléfono no para de sonar y Antonio nos recomienda no coger las llamadas.

ANTONIO
(Por teléfono.) No, no contestéis. Apagadlos. No hago más
que recibir... No lo sé, muchos medios, he perdido la
cuenta. No, no, esto es muy gordo. Pensaba que... No.
¡Apagad los teléfonos! Nevenka, todos los concejales del
PP del Ayuntamiento de Ponferrada han firmado un
manifiesto a favor del alcalde.

PORTAVOZ
Rechazamos rotundamente las acusaciones vertidas por
la señorita Fernández. Afirmamos con toda claridad que
nunca, en ningún momento, ha habido trato de presión
alguno hacia esta señorita por nuestra parte.

> NEVENKA *cuelga el teléfono, consternada, pero este vuelve a
> sonar. Escuchamos distintas conversaciones.*

AUDIO 1
Pero Nevenka, hija.../

AUDIO 2
Te lo dije. Te dije que esto era pésima idea.

AUDIO 3
Yo creo que os habéis metido en un follón/

AUDIO 4
Es que no tenéis ni idea de lo que habéis hecho. ¿Lo
habéis pensado? /

NEVENKA
¿Cómo que si nos lo hemos pensado? ¡Llevamos meses
sin hacer otra cosa!

> *Suena una ráfaga de programa de televisión.*

AUDIO 1

Buenas tardes, María Teresa. Sí, efectivamente yo estudié con Nevenka y lo que puedo decir es que se trata de una mujer inestable y fantasiosa. Imaginaos hasta qué punto que una vez afirmó que tenía cáncer de pecho. No, claro que no tenía. Se lo había inventado. /

PERIODISTA 1

Bueno, yo quisiera recordar que esta señorita, a pesar de haber recibido ofertas millonarias, no ha concedido ninguna entrevista. Él, sin embargo, ya ha estado en la *SER*, en *Radio Nacional* y en *Antena 3 Televisión*, entre otros medios.

PERIODISTA 2

Tenemos otra llamada. Buenas tardes.

AUDIO 2

Bueno, yo soy médico. Tuve que practicar un reconocimiento a esta mujer y me negué. Sí: me negué porque claramente era una provocadora.

AUDIO 3

Yo respeto su opinión, pero *El País* lo califica como «un personaje de la noche ponferradina» y señala que Ismael es amigo del empresario Javier Gómez Núñez que, como recordareis, estaba implicado en la supuesta trama para asesinar al consejero de la Xunta de Galicia.

PERIODISTA 2

Interviú habla de «Ismael I, emperador de Ponferrada», y retrata un altercado posterior al funeral de su mujer en un establecimiento de Congosto, donde tuvo que intervenir la Guardia Civil. Eso sí: no hubo denuncia por miedo a las represalias.

VIII
ISMAEL

Suena «Tutto Nero» de Caterina Caselli. ISMAEL *y* NEVENKA *bailan juntos, divirtiéndose. Beben, fuman, bailan entre risas. Ayuntamiento.*

ISMAEL

Prometo por mi conciencia y honor, cumplir fielmente las obligaciones del cargo de alcalde y guardar la Constitución como norma general. / Juro cargo el 23 de julio de 1999. Tengo cuarenta y nueve años. Nací en Dehesas, un pueblecito de poco más de trescientos habitantes, a seis kilómetros de Ponferrada. Mi padre criaba vacas y mi madre era lechera, vendía leche en la ciudad. No tengo hermanos y, para orgullo de mis padres, me había licenciado en Derecho. Pronto me caso con Carmen y tras cuatro años como concejal en la oposición, en 1993 me eligen senador. Dos años después, me convierto en el primer alcalde del PP de Ponferrada; yo, el hijo de la lechera. Asumo el cargo con ilusión y con ganas infinitas de trabajar por mi ciudad y por una sociedad mejor. Tengo dos hijos y una mujer a la que adoro. / Estás preciosa, Carmen.

ISMAEL *besa a su mujer.*

IX
DELFOS

Suena la sintonía del PP. Audios del PP celebrando el triunfo. Informativos, líderes del PP, etc. Juerga absoluta.

NEVENKA

El 13 de marzo de 2000 el PP gana las elecciones generales

por mayoría absoluta. /No, no quiero otra, estoy bien. /
Salimos a celebrarlo y vamos a un pub de Ponferrada.

ISMAEL
¡Después de este vamos todos al Delfos!

NEVENKA
Yo voy a irme ya, Ismael.

ISMAEL
¡Venga Quenqui, no seas sosa! ¡Tenemos mucho que cele-
brar! Es un día importantísimo para el partido. Tienes
que venir un rato a estar con la gente. ¡Venga, que nos
vamos!

NEVENKA
Él va borracho, tiene mal beber. Le aseguro que iré al
Delfos, para que me deje en paz, pero quiero irme a casa así
que, sin llamar la atención, le digo a uno de mis compañeros que no me esperaran. Cojo el coche y me marcho a León
para encontrarme con mi novio. Al día siguiente…

Suena un teléfono.

PADRE
¿Nevenka?

NEVENKA
¿Papá?

PADRE
¿Qué ha pasado?

NEVENKA
¿Qué ha pasado de qué?

PADRE

Ismael nos ha llamado a las diez de la mañana para decirnos que no estás trabajando como debieras. Que están muy descontentos. Que faltas a trabajar cuando te da la gana y que ya no sabe qué hacer contigo…

NEVENKA

Cuando le llamo para pedirle explicaciones por esa llamada me dice/

ISMAEL

Eres una hija de puta y yo voy a ser más hijo de puta contigo.

NEVENKA

Ahí me doy cuenta de que ya nada tiene arreglo, así que se lo cuento a mis padres. Les digo que el alcalde hace tiempo que me persigue, que no me deja en paz. En el trabajo todo empeora. /Mónica, necesito unos documentos para poder terminar la…/

MÓNICA

Pídeselos mejor a Ismael.

NEVENKA

Mis compañeros me hacen el vacío, me cambian a un despacho de peor calidad y el equipo empieza a no informarme de decisiones que son importantes para que pueda realizar mi trabajo.

ISMAEL

Qué pena, Quenqui, con lo bien que nos podríamos llevar…

NEVENKA

Él comienza a denigrar mi trabajo en público y en una ocasión ante la prensa.

ISMAEL

¡Este informe es una mierda!

NEVENKA

Un viernes entra en mi despacho la secretaria del Grupo Popular Ana López Muro. Casualmente es hermana de Jorge López Muro.

ALICIA

Nevenka, siento comunicarte que el lunes serás cesada de tu cargo.

NEVENKA

Me pongo muy nerviosa y pienso que lo mejor es dimitir antes de que me cesen. Escribo en un folio mi dimisión. /Papá, voy a dimitir.

PADRE

¿Qué? No, no hagas nada, por favor te lo pido. Ven a casa y hablamos.

NEVENKA

Mi madre llama a Jorge.

Tonos en un teléfono.

MADRE

Jorge, hola, soy la madre de Nevenka. Sí. Me gustaría hablar contigo. Pues perfecto, si vais juntos en el coche, mejor. Mañana. Sí, perfecto. Nos vemos mañana en el ayuntamiento.

NEVENKA

Una cosa le encargué a mi madre:

MADRE

Si no le dais una salida digna va a denunciar ante la prensa las causas de su cese. Va a contar lo que le estáis haciendo.

ISMAEL

Si hace eso, la principal perjudicada será ella. Nosotros estamos muy decepcionados con el comportamiento de Nevenka y no vemos más solución que su salida del ayuntamiento.

MADRE

Estáis cuestionando su buen hacer y su reputación por motivos extralaborales. Si esto no para lo contará.

NEVENKA

Mamá vuelve a casa. /

MADRE

Nevenka, hija, vete, porque si no te van a hacer la vida imposible. Ha sido horrible, horrible.

NEVENKA

Ese mismo lunes llego al despacho y empiezo a recoger mis cosas antes de convocar a los medios para presentar mi dimisión. No me da tiempo.

Suena el teléfono de su despacho.

ISMAEL

Necesito hablar contigo.

NEVENKA

Me siento.

ISMAEL

No quiero que te vayas. Creo de verdad que eres una persona muy valiosa para este ayuntamiento y no me perdonaría el dejarte marchar. Eres una gran profesional y... no creo que debas perder tu trabajo por lo que ha ocurrido entre nosotros.

NEVENKA

¿A ti te parece normal? ¿Enfadarte porque no me quedo en una fiesta? ¿Llamar a mis padres? Pensaba que íbamos a poder separar lo nuestro del trabajo, pero ya veo que no. Es mejor que me vaya.

ISMAEL

Yo te pido que perdones mi actitud y que, por favor, comprendas cuál es mi situación. Yo me siento dejado, dejado por ti y... quédate, por favor. Te lo pido por favor.

NEVENKA

Si mi presencia te afecta tanto, yo prefiero irme, Ismael. No creo que así podamos trabajar.

ISMAEL

Creo que soy ya mayorcito para encajar un «no». Te prometo que no volverá a ocurrir nada parecido. Discúlpame con tus padres y quédate. Haces un buen trabajo. Quédate y cuando los demás vean que todo va bien, se portarán también contigo de un modo normal.

NEVENKA

Salgo liberada después de toda la tensión sufrida, aunque con la duda de si aquello es simplemente una tregua. Me convenzo de que todo volverá a la normalidad. Mi trabajo me encanta y estoy empeñada en sacar adelante la Reforma Fiscal que se había aprobado en los presupuestos de 1999. Sigo siendo esa chica que sueña despierta.

X
NAVIDADES

Suena «Venus» de Shocking Blue. Vemos a NEVENKA *contenta. En el ayuntamiento parece que las cosas mejoran.*

NEVENKA

¡Buenos días! /Sí, claro, te los paso. / No gracias, ya he tomado. ¿Dónde coméis? Vale, sí, contad conmigo/ ¿La reunión no era a las 17:00? / Sí, dime a dónde vais y me paso en cuanto termine esto. No me di cuenta de que era la calma que precede a la tormenta. Ese momento en el que tu vida, después de un duro golpe, parece re-encauzarse. Ese... espejismo.

Audios de manifestaciones: ¡Ismael! ¡Ismael! Carta a los Ponferradinos del 3 de junio de 2002.

ISMAEL

Queridos conciudadanos y amigos en general: Siento la necesidad y, por otro lado, la obligación moral, de dirigirme a vosotros para explicar la verdad sobre el caso Nevenka. Lo que voy a contar entra dentro de la esfera de lo privado y mi deseo hubiera sido no tener que haber entrado nunca en ello, pero como todos conocéis, mi vida privada ha sido aireada en todo lo que se ha querido. Por tanto, lo que sigue tiene únicamente la finalidad de poner las cosas en su sitio. A finales de octubre de 1999, después de muchas insinuaciones y muestras de cariño de ella hacia mí...

FISCAL

¿Iniciaron una relación?

ISMAEL

Sí, iniciamos una relación.

FISCAL

¿Ella tenía pareja?

ISMAEL

Sí, ella tenía pareja, pero me dice que las cosas no van bien con su novio y que le va a dejar. Esto fue hasta Navidades.

FISCAL

¿Podría contarnos entonces qué pasó en Navidades?

ISMAEL

Pues que yo ya no sé si entonces renace, se reactiva o continúa, no lo sé, su relación con su anterior novio. Pasa esos días con él y yo me quedo hecho polvo. A mediados de enero me dice que, por fin, lo tiene perfectamente claro, que ha cortado definitivamente con él y que desea estar conmigo.

FISCAL

¿Qué hizo usted?

ISMAEL

Yo accedo. A finales de febrero o principios de marzo (no me acuerdo), me cuenta que sigue sintiendo algo por él y vuelven a contactar. Entonces yo, que ya no puedo más, tomo la decisión firme de no continuar la relación. Hablo con ella y le digo que espero que esto no afecte a nuestra relación profesional. Entiendo que no puedo tener una relación seria y estable con ella y yo, por otra parte, no pretendo ningún juego.

FISCAL

¿Qué ocurre entonces?

ISMAEL

Ella continúa con sus insinuaciones, escenas de celos, etc.
No lo sé. Pensaba que todo era normal, dentro de las cir-
cunstancias. La «historia» había quedado atrás y había-
mos conseguido que la relación profesional fuera buena.
A continuación, suceden los viajes en los que se basa
principalmente esta querella.

XI
EL PEZ DE COLORES

Salón de casa de los padres de NEVENKA.

NEVENKA

En el salón de casa de mis padres, en Ponferrada, hay un
acuario grande. Tiene unos trescientos litros y en su
fondo se ven los restos de un galeón junto a un tesoro de
cofres que parecen oxidados y que están llenos de alha-
jas. Cuando era adolescente me encantaba sentarme en el
suelo y mirar cómo los peces de colores iban de acá para
allá. Un día, cuando estudiaba COU en Madrid, volví a
casa y me di cuenta de que quedaban muy pocos peces
en el acuario y de que, los pocos que quedaban, estaban
deteriorados, intranquilos. Flotando había algo que parecía un esqueleto, pero no estaba segura. Por la tarde, mi
madre me dijo que había comprado un pez negro que
quizá se estaba comiendo al resto. Cuando me asomé de
nuevo vi al monstruo: ese pez estaba pegado a la arena,
como si fuera una ventosa, oculto entre las plantas del
fondo y el galeón. Era asqueroso. Al abrir la boca tenía
una expresión repugnante y cruel. /Mamá, por favor,
saca al pez del acuario.

MADRE

Es que es muy caro, Quenca; nos ha costado un dinero

y… no estoy segura de que él sea el causante del desastre. A lo mejor es un parásito o algún hongo…

NEVENKA

Los peces de colores fueron desapareciendo poco a poco hasta que el negro se quedó completamente solo. De vez en cuando mi madre compraba dos o tres peces de colores que, si no eran devorados, aparecían flotando en la superficie. Era como si el agua estuviese infestada por la energía negativa de ese pez negro.

XII
COCHE

Suena «Sugar» de The Archies.

ISMAEL

Nevenka, es que me gustas mucho. Estoy sintiendo cosas muy fuertes por ti.

NEVENKA

Yo también siento algo por ti, pero todavía no sé qué es, Ismael. / Aquella noche, nos quedamos en su coche hablando hasta las siete de la mañana y él…

ISMAEL

Ven aquí, anda.

NEVENKA

¿Para qué?

ISMAEL

Quiero darte un beso.

NEVENKA
¿Un beso?

ISMAEL
Sí, solo un beso.

NEVENKA
Es que es muy tarde ya...

ISMAEL
¿Tienes prisa?

NEVENKA
Venga, por favor, llévame a casa.

ISMAEL
A ver, yo no te voy a hacer nada que tú no quieras... pero deberías probar. Si después esto no va a más... pues no pasa nada.

NEVENKA
Ya.

ISMAEL
Somos adultos, ¿no?

NEVENKA
Sí.

ISMAEL
¿Entonces?

NEVENKA
No sé.

ISMAEL
¿No me digas que no te apetece?

NEVENKA *cede a las peticiones de* ISMAEL *y le besa.*

ISMAEL
Claramente es la mejor concejal posible para ese puesto. / Ha sido un total acierto ofrecerle la concejalía. / Es brillante.

NEVENKA
La intensidad de los elogios empezó a guardar relación directa con el número de contactos sexuales, que... empecé a rechazar. Cada vez que le decía que no, todo eran reproches y enfriamiento en las relaciones laborales. Me acusaban de ser la culpable del mal humor del alcalde. Me llegaron hasta a reprochar que el alcalde saliera y se emborrachara. En febrero todo se volvió imposible.

ISMAEL
Te he comprado este reloj...

NEVENKA
No puedo aceptarlo.

ISMAEL
Cógelo, Quenqui. He pagado un dineral por él.

NEVENKA
No. Hasta aquí, Ismael. No quiero seguir con esta relación.

FISCAL
¿Y puede indicarnos qué pasó después?

NEVENKA
Después de la ruptura, Ismael se esforzó en demostrar

que aceptaba la situación, aunque mi alejamiento se tradujo en agresiones laborales:/

ISMAEL

«Tú no tienes ni puta idea de nada», «Tú no vales nada».

NEVENKA

Pensé que estaba despechado y que se le pasaría. Me sentía culpable por causarle tanto daño. Era increíble que alguien de su edad no supiera separar las cuestiones personales de las profesionales. Yo mientras, volví con Rubén. Así llegamos a marzo.

XIII
JUICIO

Sala de lo Penal del Tribunal Superior de Justicia de Castilla y León con sede en Burgos.

FISCAL

¿Usted en el año 92 hizo COU en el colegio internacional Pinosierra?

NEVENKA

Sí.

FISCAL

¿Recuerda que allí había un médico que era el doctor Bachir?

NEVENKA

No, no lo recuerdo.

FISCAL

¿No recuerda ningún problema con el doctor Bachir?

¿No recuerda que el médico le dijo a la directora que no volviera a la consulta si no era acompañada por una compañera?

NEVENKA
No, no lo recuerdo, si me lo explica.

FISCAL
No, yo simplemente le pregunto si recuerda.

NEVENKA
¿El doctor Bachir pertenecía al colegio?

FISCAL
Sí, sí, era un médico interno del colegio.

NEVENKA
¿Y para qué estaba?

FISCAL
Pasaba allí consulta.

NEVENKA
¿Y dónde tenía la consulta?, ¿en el colegio? No recuerdo que existiera ningún despacho de médico en el colegio.

FISCAL
De acuerdo.

NEVENKA
Y si existía, yo no pasé jamás por un despacho de médico en el Pinosierra. Solamente tuve que ir al médico una vez porque me caí por unas escaleras, pero me llevaron en ambulancia a La Paz. No sé dónde estaba ese médico.

FISCAL

¿Por qué cuando dice que Ismael le tocaba el culo o le sujetaba las manos contra la pared de su despacho para besarla contra su voluntad no se defendía? ¿Por qué usted, que ha pasado este calvario, este sufrimiento, que se le han saltado las lágrimas, por qué usted que no es una empleada del Hipercor que la tocan el trasero y que tiene que aguantar por el pan de sus hijos, por qué usted aguantó?

NEVENKA

Me estaba jugando mi dignidad.

FISCAL

¿Su dignidad?

NEVENKA

Querían que me marchara como si hubiera hecho algo malo, como si fuera una incompetente. Yo no podía consentir eso.

FISCAL

Uno se marcha si tiene dignidad y luego denuncia.

NEVENKA

Pues eso es lo que hice.

FISCAL

Sí, pero no cuando usted pasó todo ese calvario que nos ha dicho, esos viajes que eran dantescos.

JUEZ

Señora letrada, por favor, le recuerdo que la señorita Fernández es un testigo, no es acusada.

Voz 1

Hombre, yo creo que ella, algo habrá hecho. /

Voz 2

Algún beneficio habrá obtenido…/

Voz 3

No puede ser tan ingenua como para no saber dónde se metía…/

Voz 4

Esto claramente es un ajuste de cuentas entre la gente de derechas. /

Voz 5

De hecho una cosa te digo, se lo merece: por ser de derechas. /

Voz 6

Es que esta chica está hablando demasiado/

Voz 7

Y eso por no hablar de que en la rueda de prensa apareció con una minifalda hasta aquí.

XIV
VALLADOLID

NEVENKA

En marzo de 2000, cuando amenazo con contarlo todo a la prensa, Ismael da marcha atrás. En mayo, un viaje de trabajo nos lleva a Valladolid. Después del trabajo nos dirigimos al hotel.

Recepción de un hotel.

ISMAEL

Teníamos dos habitaciones reservadas. Sí, a nombre de Ismael Álvarez.

RECEPCIONISTA

Aquí tiene, la 303 y la 304.

NEVENKA

Entro a mi habitación. Estoy de pie, frente a mi cama y de pronto escucho un ruido detrás de mí.

ISMAEL

¡Sorpresa!

NEVENKA

Ismael, por favor, vuelve a tu habitación.

ISMAEL

A ver… Quenqui, que sólo tengo ganas de hablar…

NEVENKA

Es que estoy muy cansada, no quiero hablar, sólo quiero dormir.

ISMAEL

Bueno, pues déjame que me acueste aquí, al lado tuyo… No te voy a violar… ¡Vaya amiga que eres! ¡Vaya persona de confianza!

NEVENKA

Este fue el primer momento en el que tuve conciencia de que no me podía mover. Él se tumba a mi lado y empieza a masturbarse y yo tengo que estar aquí. Lo huelo todo, pero no puedo ver nada. No me puedo mover, no me puedo mover. Me quedo así, de lado, mirando hacia la pared, toda la noche despierta. Escucho sus jadeos, pero me hago la dormida. Hacia las siete de la mañana, me levanto, me lavo mucho las manos, y me marcho.

FISCAL

¿Por qué se quedó ahí?

NEVENKA

No, no puedo explicar por qué no me levanté... no me podía ir.

FISCAL

¿No se podía ir?

NEVENKA

No lo sé, no lo sé. No podía. Yo quería hacerlo, pero no podía.

ISMAEL *le toca el culo.*

NEVENKA

¿Qué haces?

ISMAEL

Yo te toco el culo porque me sale de los cojones. ¿Qué vas a hacer? ¿Denunciarme? Mira, así me pones, así.

NEVENKA

Me llamaba al móvil todo el tiempo. Había días en los que me dejaba catorce o quince mensajes. Y si le decía algo, me decía que estaba loca, que era muy susceptible. Quería echar la siesta conmigo, que durmiésemos la siesta juntos.../

ISMAEL

Sólo dormir.

NEVENKA

No.

ISMAEL

¡Estás histérica! No te quiero violar, sino dormir a tu lado, únicamente.

NEVENKA

Hablaba de mi padre todo el rato.

ISMAEL

¿No creerás que tu padre no lo hace? Porque todo el mundo pone los cuernos a todo el mundo. «¿Qué crees que hace tu padre cuando va de viaje?».

NEVENKA

Intentaba desmontar mi mundo. Si algún día me iba del ayuntamiento un poco a escondidas, para librarme de su acoso, me dejaba mensajes…

ISMAEL

Muchas gracias por vulnerar la norma común de que todos salimos al mismo tiempo del ayuntamiento.

NEVENKA

Era todo el rato así. Me buscaba encerronas con excusas de trabajo.

ISMAEL

Necesito que me acompañes a la radio.

NEVENKA

No puedo, Ismael, tengo una visita en el despacho.

ISMAEL

Cuando el alcalde dice que tienes que ir a la radio, tienes

que ir a la radio. Un concejal tiene que estar las veinticuatro horas del día a disposición del alcalde.

NEVENKA

Pero es que ahora/

ISMAEL

Eres una incompetente; una inmadura.

PSIQUIATRA

Mira, Nevenka, al principio, las personas acosadas no quieren sentirse ofendidas y no se toman en serio las indirectas y las vejaciones. Luego, los ataques se multiplican, la víctima es acorralada, y se la somete y degrada. Presentar una denuncia es la única manera de terminar con el psicoterror. Yo creo que aquí ya hemos llegado al límite. No es sólo romper con la empresa: tú ya has roto con el ayuntamiento. Es.../

NEVENKA

Romper con mi mundo.

Sala de juicios.

ISMAEL

¿Pero en qué mundo cabe? ¿Puede alguien explicármelo? Si yo trataba muy bien a Nevenka en el ayuntamiento era acoso. Si no la trataba muy bien, le hacía el vacío, la hacía de menos... ¡Es de locos! El primer día de juicio oral dijo: «No me mira, no me mira...». Pero, digo yo, si dice que sufre mi acoso, ¿para qué quiere que la mire? Todo lo que voy a contar respecto a los dos viajes citados ha sido probado, no sólo con pruebas testificales sino también documentales, en la vista oral. El 28 de mayo de 2000 yo estaba en Valladolid en un pleno de las Cortes. Y ella concierta una entrevista en aquella ciudad con un director general de la Junta de Castilla y León, y hace que coincida en esa fecha.

NEVENKA

Ismael, también me quedaré a dormir en Valladolid.

ISMAEL

Y, por lo tanto, mi secretaria reservó dos habitaciones, al igual que ha ocurrido en otros viajes con otros compañeros o compañeras por razones de trabajo. Yo ya estaba allí desde la mañana.

NEVENKA

Sí, voy sola. Llevo mi coche. Llegaré por la tarde.

ISMAEL

Al final no realiza ninguna gestión ante dicho director general ni ante nadie y se presenta en las Cortes, donde yo estoy. Ella dice que de allí nos fuimos al hotel, que estuvo once horas soportando una situación infernal y que a las nueve de la mañana se levantó y se fue a Ponferrada en su coche. ¡Es mentira! Estuvimos con otros muchos compañeros de Valladolid hasta altas horas de la madrugada celebrando la despedida de soltera de una de ellas. Nos acostamos, cada uno en su habitación y yo me levanté para acudir a las Cortes a las diez de la mañana. Eso es lo que pasó. Todo lo demás en una fantasía.

XV
ESTELLA

ISMAEL

Una semana después de la situación tan infernal que dice

que padeció en Valladolid, ella muestra especial interés en viajar conmigo a Estella (Navarra), a la boda de un hijo de un compañero concejal.

NEVENKA

Nos invitan a todos los concejales a la boda.

ISMAEL

Me ha preguntado Manolo que a ver cuántos seremos para encargar los cubiertos. Yo creo que deberíamos ir los cinco en representación del ayuntamiento.

JUANA

Yo no voy a poder, Ismael, ese día se casa una prima de mi marido.

ISMAEL

Vale Juana/ ¿Y tú qué dices, Ana?

ANA

Nada, que en principio sí, pero tengo que hablar con Julio.

ISMAEL

Perfecto, pues vamos todos menos Juana. Llevo coche yo y Darío.

NEVENKA

Durante los días siguientes se mostró especialmente amable y siguió con sus proposiciones.

ISMAEL

Podríamos quedarnos hasta el domingo o el lunes para conocer los alrededores.

NEVENKA

¿Quiénes podríamos quedarnos? ¿Todos?

ISMAEL

¡Ya estás otra vez! ¿Qué pasa? ¿Acaso no podemos ir a ningún sitio tú y yo solos sin que pienses mal?

NEVENKA

El 6 de julio, viernes, llego a la cita con mi bolsa de viaje. / ¿Y los demás?

ISMAEL

Al final han decidido que no venían.

NEVENKA

Yo pienso: «Me largo», pero me quedo quieta presa del miedo. Me habían tendido una trampa. ¿Cómo no había caído antes? Pienso en coger mi bolsa e irme, pero a la vez me digo que es ridículo montar esa escena, que dirán que soy una histérica o una paranoica. Sin decir una palabra meto la bolsa y me subo al coche.

ISMAEL

Me alegro mucho de hacer este viaje y de que por fin entiendas que no pasa nada por ir conmigo.

NEVENKA

Cuando llegamos a Logroño, tras aparcar el coche, entramos al hotel y él se dirigió al recepcionista.

ISMAEL

Una reserva. A nombre de Ismael Álvarez.

NEVENKA

¿Y la mía?

ISMAEL

No había más que una. ¿Ya te vas a poner histérica? ¿Es que tú nunca has compartido habitación con un amigo? ¡Hija, que no te voy a violar…!

NEVENKA

No es eso, Ismael, claro que he compartido habitación con amigos, pero podrías haberme avisado…

ISMAEL

Además, ya suponía suficiente gasto el venir. ¿Qué necesidad tenías de pagar otra habitación?

NEVENKA

Yo no sé reaccionar. Veo aquello como si fuera una película. Me veo cogiendo el ascensor, pero imaginando que salgo corriendo en dirección contraria; me veo salir al pasillo, pero imaginando que me doy la vuelta, bajo volando las escaleras y salgo a la calle. Me veo entrar en la habitación, pero preguntándome: ¿Qué hago? ¿Por qué soy incapaz de reaccionar? ¿Cómo le explico a mi novio que no quería llegar a esta situación, pero que he acabado aquí, en la habitación de un hotel con mi jefe?

ISMAEL

Cualquier persona razonable le diría: si estás ahí es porque quieres estar. Si no, no tienes más que darte la vuelta y marcharte. / Ella no deja que mi secretaria se encargue de reservar hotel (como yo le había pedido). Lo hace ella misma y es ella quien solicita una sola habitación para los dos. Había una sola habitación, a nombre de ella, para dos personas, que ella misma había reservado (hemos aportado documentos de la Agencia de Viajes y del propio Hotel que así lo demuestran).

NEVENKA

Dejamos las maletas en la habitación y salimos a cenar. En vez de ir a un restaurante Ismael sugiere picar algo por los bares del casco antiguo. Cuando se toma dos vinos/

ISMAEL

Con lo que yo te quiero, Quenqui, te podría ayudar muchísimo si me dejaras…/ No es preciso estar enamorado para hacer el amor con alguien. Además, tú y yo nos hemos querido tanto que no puedo creerme que no quede nada. Si me quisieras un poco, en el trabajo todo iría mejor…

NEVENKA

Pero ¿qué tiene que ver? ¿Es que no podemos ser buenos compañeros si no nos acostamos juntos?

ISMAEL

No es lo mismo. Si hiciéramos de vez en cuando el amor, habría más confianza entre nosotros…

NEVENKA

Yo creo que puede haber una perfecta confianza sin que nos vayamos a la cama. ¿Acaso te acuestas con Darío o con Jorge?

ISMAEL

No es lo mismo.

NEVENKA

Pues yo no sé dar un beso si no lo siento y eso también tendría que hacer que confiaras en mí, porque tú sabes que cuando te los di eran de verdad, y que, si ahora no te los doy, es porque no lo siento.

ISMAEL

Ya estás confundiendo. Si es que no hace falta sentir para besar a alguien a quien aprecias. ¿Acaso te daría asco darme un beso a mí?

NEVENKA

Asco no... Pero no puedo dar un beso si no lo siento. No puedo hacer eso.

ISMAEL

Ay, Quenqui, ¡qué tonta eres! Como no cambies esa actitud tan equivocada, te va a ir muy mal en la vida...

NEVENKA

En el tercer bar nos encontramos, por suerte, con un grupo de Ponferrada que también iba a la boda. Primero me dio vergüenza que pensaran que éramos pareja. Ismael actuaba como tal. Pero luego me permitió apartarme de él y dejar claro que sólo éramos compañeros. Nos quedamos hasta las doce, aunque yo hubiera seguido.

ISMAEL

¿Te parece normal?

NEVENKA

Si me parece normal qué...

ISMAEL

¡No me has hecho ni puto caso desde que esa gente ha aparecido!

NEVENKA

Claro que me parece normal, lo que no es normal es que tú te comportes como un marido celoso. A no ser que tus intenciones sean distintas a...

ISMAEL

Vale, muy bien, ya estás otra vez con eso de las intenciones. Yo lo único que quería era charlar un rato contigo porque nunca tenemos la oportunidad de charlar tú y yo solos, pero ha tenido que aparecer toda esa gente y se jodió todo…

NEVENKA

Mira, Ismael, a mí no se me ha jodido nada por la aparición de esa gente y tu actitud, si de verdad te consideraras un amigo, no es normal. Dices una cosa, pero demuestras otra. /Llegamos al hotel, entro en el baño, me pongo el pijama y me meto en una de las camas. Hay dos, separadas por una mesilla. Al rato de estar con las luces apagadas/

ISMAEL

Quenqui, ¿me perdonas?

Ella se echa a llorar.

ISMAEL

¡Cómo eres! Siento si me he comportado un poco mal. Lo siento y te pido perdón. Los amigos se perdonan. Eres una orgullosa, Quenqui. Tienes muy mal carácter y no sabes perdonar. Así no te va a ir nada bien.

NEVENKA

Déjame, por favor.

ISMAEL

Insisto de nuevo en que los hechos aquí narrados respecto a estos dos viajes están probados en los autos. Respecto a las llamadas, también está probado que ella me llamó a mí más veces que yo a ella fuera del horario laboral, incluso alguna vez a altas horas de la noche.

XVI
VACACIONES

NEVENKA
En agosto de 2000, después de lo de Valladolid, me voy de vacaciones con Adrián. Adrián era compañero mío en la facultad. Después de romper con Rubén, retomo nuestra relación de amistad y pronto comenzamos a salir juntos. Él no sabe por lo que estoy pasando. Yo habría preferido no contárselo.

ADRIÁN
¿Qué te pasa?

NEVENKA
Nada.

ADRIÁN
Estás como... ausente. ¿Estás bien?

NEVENKA
Sí, claro.

ADRIÁN
Sabes que puedes contarme cualquier cosa... /

NEVENKA
Estoy bien. Estaba... pensando en el tío este, que es un moscón; no hace más que perseguirme. /No me atrevo a decirle que estoy aterrorizada y que me da pánico que las vacaciones terminen y tener que volver al ayuntamiento. / Sus mensajes continúan.

NEVENKA *enciende el teléfono. Se escuchan los mensajes de* ISMAEL.

MENSAJE 1

Tú no estás bien de la cabeza, Quenka, no estás bien.

MENSAJE 2

¿Qué quieres? ¿Joderme? Pues óyeme bien porque no te vas a ir de rositas.

MENSAJE 3

No sé en qué estás pensando, pero, por tu bien, te pido que pares, por favor. Por todo lo que te quiero y por todo lo que hemos vivido juntos.

MENSAJE 4

Quenka, estoy seguro de que podemos arreglar esto, de que podemos ser amigos. Llámame y hablamos, ¿te parece? Estoy preocupado por ti.

NEVENKA *llama a* ISMAEL. *Tonos.* ISMAEL *coge.*

NEVENKA

Hola. No, estoy fuera, Ismael. Sí, cuando vuelva. No, no quiero hablar más, Ismael. No, no estoy sacando las cosas de quicio, simplemente quiero estar tranquila y… No. No, eso no es verdad. No estoy faltando a mi trabajo. Vale, vale, hablamos, sí.

NEVENKA *tiene un ataque de pánico.*

XVII
PSIQUIATRA

NEVENKA

Entro en el Hospital Clínico de Madrid. Recorro los pasillos y llego a la consulta psiquiátrica. Me siento en una de las sillas. Delante de mí, un hombre, visiblemente enfermo. Pienso en él. /

ISMAEL

¡Te estás volviendo loca, Quenqui!

NEVENKA

Entro en la consulta de la doctora Mollá a las doce y media. A cada uno de sus lados, una doctora más joven.

PSIQUIATRA

Cuéntanos.

NEVENKA

Durante dos horas les describo mis síntomas, pero les oculto que he tenido relaciones consentidas con Ismael. Pienso que si se lo cuento me dirán que lo tengo merecido.

PSIQUIATRA

¿Ha oído hablar usted del «acoso sexual»?

NEVENKA

Yo pienso que eso sólo sucede en los culebrones y que estas mujeres no entienden lo que les digo.

PSIQUIATRA

Paciente de veinticinco años. Refiere sentirse muy angustiada de forma permanente desde que inició su actual trabajo como concejal de un ayuntamiento. La ansiedad de la paciente comienza cuando el señor alcalde inicia con ella una política de acoso sexual insistente alegando que ella debía estar permanentemente a su disposición las veinticuatro horas, que los amigos debían hacer el amor, etc. También le deja notas de contenido erótico y la llama constantemente a su móvil. Cuando, tras contar lo sucedido a sus padres, le insiste una vez más que deponga su actitud, este señor cambia su política para con ella haciendo que el acoso se combine con repetidas señales de «ineptitud dada la juventud de la paciente». Lenguaje fluido y coherente. No se objetiva alteración en el contenido del pensamiento ni en la senso-percepción. No antecedentes psiquiátricos previos. Diagnóstico: Trastorno adaptativo con estado de ansiedad en relación con conflicto en medio laboral.

NEVENKA
Me receta Tiadipona para la ansiedad y Trankimazin por si no pudiera dormir. Al final del informe se recomienda al médico de cabecera:/

PSIQUIATRA
La baja laboral de la paciente y el seguimiento del caso en un centro médico de la zona.

NEVENKA
Salgo a la calle, respiro hondo y pienso en la tregua que tengo entre mis manos. Voy a poder organizar mi cabeza lejos de Ismael. Al día siguiente cojo un autobús de vuelta a Ponferrada. El informe médico palpita en mi bolso. Llego a Ponferrada sobre las seis y media de la tarde. Me voy directamente al ambulatorio. Entro en la consulta, alargo el sobre de la doctora Mollá al médico a través de la mesa y el médico lo lee. Me mira y sin hacer ningún comentario ordena a la enfermera que prepare mi baja.

ENFERMERA
¿Desde cuándo faltas?

NEVENKA
Desde el viernes 22.

ENFERMERA

Pues te la doy desde el 22. ¿Sabes cómo funciona?

NEVENKA

No.

ENFERMERA

Tienes que recogerla una vez por semana y si pretendes salir de Ponferrada tienes que avisar a la Inspección.

NEVENKA

¿Necesita una copia?

ENFERMERA

No.

XVIII
ROCÍO

NEVENKA

Llevo un mes de baja. Decido hablar con Rocío Martín, portavoz del PSOE, principal partido de la oposición en el Ayuntamiento de Ponferrada.

ROCÍO

Ella me cita en su casa y yo dudo si acudir o no. Reúno a los concejales de mi grupo y les explico lo que pasa para que estén advertidos si pasa algo extraño. Ya ha anochecido. Atravieso el parque del Temple, llamo al telefonillo y subo al piso. Ella me presenta a Adrián, que tras saludarme se va a la calle a pasear al perro. Nos vamos al salón y nos sentamos una frente a la otra. La veo muy deteriorada.

NEVENKA

Gracias por venir, Rocío. Te he llamado porque, mira, estoy de baja por depresión.

ROCÍO

Me enseña los papeles, las bajas y los informes psiquiátricos. /No necesito ver nada.

NEVENKA

Lo que te voy a contar es muy delicado para mí... El alcalde lleva meses acosándome. Tuvimos una relación y...

ROCÍO

Espera. Nevenka, ten cuidado con lo que me quieres contar, no vayas a arrepentirte después.

NEVENKA

No me voy a arrepentir. El alcalde y yo tuvimos una relación.../

ROCÍO

Lo sé, Nevenka. Esta ciudad es pequeña.

NEVENKA

Duró poco porque yo no quería seguir con él. Estuvimos juntos apenas cuatro meses, pero yo me di cuenta de que no... de que no era lo que yo quería. Al principio, él parecía que lo había aceptado, pero... perdóname. No sabía a quién llamar.

ROCÍO

No pasa nada. El comportamiento del alcalde en las comisiones y en los plenos no era normal.../

NEVENKA

Sé que no hemos tenido mucho contacto hasta ahora, pero necesito que alguien... que sepas que estoy de baja porque me encuentro muy mal y.../

ROCÍO

La conversación fue larguísima. Lo que yo tenía frente a mí era una mujer... violada. Pronto surge el rumor de que Nevenka se encuentra de baja médica por depresión debido a una situación de acoso padecida por parte del alcalde. Ni yo ni mi grupo político utilizamos su situación para obtener beneficios electorales. El desconcierto del alcalde al ver que desde la oposición no hacemos nada es enorme.

XIX
PADRES

Casa de los padres de NEVENKA.

NEVENKA

Vuelvo de la consulta y mis padres acaban de volver de Isla Mauricio, donde han estado unos días de vacaciones.

MADRE

Toma, cariño, te hemos traído este collar rojo de piedras. Es precioso.

NEVENKA

Jamás me lo pongo.

PADRE

Nos hemos encontrado en Tordesillas con Ismael y con Jorge.

NEVENKA
¿Y qué os han dicho?

PADRE
Nada. ¿Por?

NEVENKA
¿Nada? No puedo más, papá.

PADRE
¿Qué pasa?

NEVENKA
No quiero volver al ayuntamiento.

PADRE
¿Cómo?

NEVENKA
Ismael sigue persiguiéndome.

MADRE
¿Cómo que te sigue persiguiendo?

NEVENKA
Que nunca me va a dejar en paz, papá.

PADRE
A ver hija, yo pensaba que eso ya estaba zanjado…/

MADRE
Nevenka, por favor.

NEVENKA
Y yo, papá. Pensaba que me dejaría en paz y que yo
podría controlar la situación, pero…/

PADRE
    ¿Entonces?

NEVENKA
    Estuvimos juntos.

MADRE
    ¿Cómo?

NEVENKA
    Tuvimos una relación durante un tiempo.

PADRE
    Si te gustan los viejos, ¿por qué no subes a la residencia del Imserso?

MADRE
    ¡Francisco, por favor!

NEVENKA
    Acabo de llegar del psiquiatra, papá no estoy bien.

PADRE
    ¿Cómo se te ocurre estar con…?

NEVENKA
    ¡No estoy bien, papá!

MADRE
    ¡Vale!

PADRE
    Vale, vale. No te preocupes. No vas a volver al ayuntamiento si no quieres, pero vamos a hacer las cosas bien. Yo creo que lo mejor es que dimitas y que después veamos qué hacer.

NEVENKA
No.

PADRE
Es lo más sensato.

NEVENKA
¡No: eso es darles la razón! No tendré a dónde de ir si dejo así el ayuntamiento. Pensarán que no valgo, que sólo estaba ahí porque me acostaba con el alcalde… /En ese momento me di cuenta de dos cosas: que no podría vivir con esa rabia y que estaba completamente sola. /

Suena un teléfono. NEVENKA *en casa de sus padres viviendo en su cama, aturdida por los ansiolíticos.*

MADRE
No, no se puede poner. Está indispuesta. Le dejo el recado. Pues siento que tenga que ir urgentemente a esa firma, pero ya le he dicho que está en la cama. / A lo mejor tendrías que acercarte…

NEVENKA
Mamá, que estoy de baja. No tengo que ir a firmar nada. Son trucos de Ismael para hacerme ir porque sabe que en su presencia me bloqueo, que soy incapaz de pensar… / Entendí que si me quedaba en casa de mis padres, acabaría volviendo al ayuntamiento, acabaría volviendo a ese infierno. Así que decido marcharme a Madrid.

Padre al teléfono.

PADRE
Mira hija, tú sabes que soy tu padre y que deseo lo mejor para ti.

NEVENKA
Lo sé.

PADRE
Entonces acepta lo que te digo: te estás equivocando.

NEVENKA
No te lo puedo explicar mejor, papá, pero me tengo que marchar.

PADRE
Hija, por favor, es el cumpleaños de Silvia, por favor te lo pido, no nos amargues el día.

NEVENKA
La comunicación se corta. Vuelve a llamar, muy enfadado.

PADRE
¡A ver si Silvia se merece esto!

NEVENKA
Mi padre me grita, pero yo sé que esas palabras no son de él; son de mi madre. Cojo de nuevo el autobús. El mismo viaje a Madrid. El mismo paisaje sin sentido al otro lado de la ventanilla. Adrián esperándome. Llamo a mi familia. ¿Silvia?

SILVIA
Sí.

NEVENKA
Nada, sólo quería deciros que estoy bien, que he llegado bien.

SILVIA

Vale.

NEVENKA

¿Qué tal tu día? ¿Lo has pasado bien?

SILVIA

Sí.

NEVENKA

¿Te pasa algo?

SILVIA

Quenka, tú estás enferma. Tienes que volver a casa.

NEVENKA

De nuevo palabras de mi madre.

SILVIA

¿Cómo voy a estar bien? No puedo estar bien si mis hermanas no están bien.

NEVENKA

Adrián me quita el teléfono. Discuten. En un momento se queda en silencio, escuchando lo que le dice mi familia. Le dicen que estoy loca, que soy anoréxica... Él no les cree, así que me quedo con él, en aquel apartamento de San Francisco de Sales. Duermo en el sofá del salón, a veces con la tele encendida, a veces no. Paso casi todo el día sola porque Adrián trabaja en Talavera y tomo ansiolíticos y tranquilizantes sin ninguna medida para lograr un grado de aturdimiento que me ayude a no pensar porque... cada vez que pienso en cómo he llegado a esta situación me vuelvo loca. Cuando estoy muy tirada me tomo un Katovit para poder levantarme.

PSIQUIATRA

Es un compuesto indicado en situaciones de cansancio físico.

NEVENKA

Pero al de poco me tomo un Trankimazin para rebajar la angustia que me provoca estar lúcida.

PSIQUIATRA

Su efecto dura unos cincuenta minutos.

NEVENKA

Luego la resaca me deja un dolor de cabeza que combato con Gelocatil. También tomo protectores de estómago. Apenas como.

PSIQUIATRA

Yogures, Almax, apenas come porque lo vomita todo y tiene el estómago destrozado. Las crisis de llanto se alternan con estados de estupor.

NEVENKA

En dos ocasiones me paso con las pastillas y tengo que llamar a Adrián para que venga a estar conmigo. Con mis padres ya ni hablo. Ellos ya han hecho un diagnóstico para poner a salvo su mundo. Ellos se ven dos veces con Ismael durante este tiempo. Él les recomienda.

ISMAEL

Que la internen por la fuerza si hace falta porque es evidente que se ha vuelto loca.

XX
SUELDO

Suena un teléfono.

CONCHI

Nevenka, hola. ¿Cómo estás? Oye, ha llegado la letra del piso y en la cuenta no hay dinero suficiente para pagarla...

NEVENKA

¿Cómo que no hay dinero?

CONCHI

Es que el ayuntamiento te ha ingresado la mitad de dinero de lo habitual...

NEVENKA

Habían decidido rebajarme el sueldo como un modo más de presión. Esa parte del sueldo que no me han ingresado corresponde a complementos para cuyo cobro hay que ir a trabajar. Llamo a Comisiones Obreras y me dicen que tengo derecho a esos complementos. Llamo al Ministerio de Trabajo y me dicen que al ser un cargo político lo más probable es que no tenga nada que hacer.

XXI
DENUNCIA

NEVENKA

Un día, tirada en el sofá de la casa de la familia de Adrián, en Madrid/

ROCÍO

aparece en la pantalla de la tele una mujer que relata una experiencia de acoso sexual.

NEVENKA

La mujer dirige o preside una asociación para la defensa de la mujer acosada.

ROCÍO

El término «acoso» había dado vueltas en su cabeza,

NEVENKA

yo lo asocio a mujeres incapaces de defenderse, y esa no es la imagen que yo tenía de mí.

ROCÍO

Cuando ve a aquella mujer contar su experiencia fue como si contase la suya /

NEVENKA

Veo cómo alguien pone palabras a lo que me pasa.

ROCÍO

Al terminar la entrevista entra en Internet, ve la página de la asociación y les contacta a través de un correo electrónico.

NEVENKA

No les digo quién soy.

ROCÍO

Le responden enseguida y le ofrecen ayuda.

NEVENKA

La idea de denunciar a Ismael, se hace más fuerte.

NEVENKA

Contra mis padres, mis hermanos, contra Adrián, contra todo el mundo… yo decido denunciar.

NEVENKA *abre varias cajas de pastillas. Se las toma.*

XXII
NOVIEMBRE

Suena el móvil. NEVENKA *lo coge.*

ISMAEL
Quenqui...

El vaso que tiene en la mano se rompe.

ISMAEL
Quenqui...

NEVENKA
No, Ismael, ya no soy Quenqui, soy Nevenka.

ISMAEL
¿Cómo estás?

NEVENKA
Bien.

ISMAEL
Te llamo porque quiero saber cómo estás y hablar contigo. Mira, Quenqui, yo lo único que quiero es ayudarte…

NEVENKA
No quiero hablar Ismael. /Cuelgo el teléfono y me voy al baño («No, Ismael, no soy Quenqui, soy Nevenka»), le he dicho. Se lo he dicho. Desde entonces el teléfono se convierte en una amenaza más. No siempre soy capaz de cogerlo. Concierto una cita con Alfonso Hurtado, mi psiquiatra de

Ponferrada. La idea es que vengan también mis padres y hagamos una especie de terapia familiar. Es 29 de noviembre.

PADRE

¡Es que nosotros creemos que lo mejor es que dimita: sin más! Luego ya veremos.

MADRE

Mire, yo estoy muy preocupada por mi hija. ¿Le ha contado que está tomando drogas?

NEVENKA

Pero ¡qué dices mamá!

MADRE

Hay colillas de porros. La chica que limpia ha visto colillas de porros en el cenicero de su piso. ¿Eso no se lo has contado? Tiene problemas con las drogas y con la comida, doctor. No come.

NEVENKA

¡Eso es mentira!

PADRE

¡No voy a permitir que le hables así a tu madre!

NEVENKA

¡Eres una mentirosa!

PADRE

¡Como vuelvas a llamarle mentirosa a tu madre me levanto y me voy!

NEVENKA

Regreso a Madrid peor de lo que me había ido, pero dispuesta a continuar luchando. De hecho, pocos días después, busco abogado y sigo buscando apoyos. En diciembre, me presentan a Antonio Barreda, el abogado que se hace cargo de mi caso. Empiezo a saber lo que me ocurre, pero, sobre todo, empiezo a querer saber lo que ha ocurrido, sean cuales sean las consecuencias.

XXIII
FACTURAS

NEVENKA *marca el teléfono.*

NEVENKA
¿Teresa? Si, hola, buenos días. Mira soy la concejala de hacienda del ayuntamiento. Te llamo porque necesito una copia de las facturas de teléfono del alcalde. Estamos ahora con una auditoría encima y no encuentro las originales. No sé si se me han traspapelado o qué... pero las necesito para la justificación. Sí. Sí, claro. Sí, las del año pasado. No, no al ayuntamiento no. Es que yo justo ahora estoy en Madrid de viaje. ¿Podría enviarlas aquí? Sí, la dirección sería... No, no es mía, pero lo recogería. Ya. Bueno, puedo enviarle un correo mío autorizándole para que pueda hacer el envío. Sí, sí. Perfecto. Lo hacemos así entonces. / A los pocos días tenía las facturas en mi mano. Gracias a estas facturas en el juicio pudo verse la cantidad de llamadas que me hacía y a qué horas. Fue una prueba decisiva.

XXIV
SENTENCIA

PERIODISTA 1
El alcalde de Ponferrada acosó sexualmente a la exconcejala Nevenka Fernández.

PERIODISTA 2
Acosó sexualmente a Nevenka Fernández.

PERIODISTA 3
Ismael Álvarez deberá pagar una multa de 6480 € e indemnizar a Nevenka Fernández con otros 12000 €.

PERIODISTA 4
Nada más conocer la sentencia, el alcalde de Ponferrada presentaba su dimisión.

ISMAEL
Soy absolutamente inocente. Lo diga un juez o lo digan, cien mil jueces, soy absolutamente inocente. No hay nada de nada, de nada de acoso sexual ni de ningún tipo de delito. Quiero recordar que la mujer que me acusa está en tratamiento psiquiátrico. / Yo no me tengo que arrepentir absolutamente de nada porque yo no hice nada de nada, de nada. Esto es una condena absolutamente injusta y creo que nadie estará en condiciones en este mundo, absolutamente nadie, de garantizar que todas las sentencias son justas. Esta, desde luego, no lo ha sido. A mí me han condenado sin pruebas, lo cual en un Estado democrático de derecho debería ser criticado. Yo condeno, sin fisuras de ningún tipo, todo tipo de acoso. Condeno el machismo, defiendo la igualdad de la mujer. A lo largo de toda mi vida he defendido con hechos a las mujeres; con hechos en lo laboral y en todo, con hechos que puedo demostrar. Es totalmente injusto que a mí me haya pasado esto porque no encontré el juez adecuado que hiciera justicia de verdad.

XXV
#METOO

NEVENKA

Él era todopoderoso. En Ponferrada no se caía la hoja de un árbol sin su permiso. O sea, él, él nunca pensó, nunca valoró que la verdad iba a poder con todo ese poder, con todas esas mentiras. Tuve el apoyo de muchas mujeres que salieron a las calles para gritar por mí y también tuve el odio de muchas otras. Gané el juicio moral, pero perdí el social y tuve que exiliarme para poder seguir viviendo. Hoy en la calle Paz de Ponferrada, un mural con mi cara reza: «Lo hiciste por todas, gracias por contar tu historia, siempre te creí, gracias». Lo pintó Mercedes de Bellard. Del silencio y la vergüenza de ese mural que grita han pasado veintidós años. Parece que poco a poco empezamos a despertar de nuestra propia afonía y que por fin comenzamos a hablar. A mí… no me importa que no me pidan perdón, ni que no exista eso que llaman «reparación pública». Me importa que cualquier chica joven vea su vida deshecha por miedo, me importa el silencio, y me importa el sufrimiento. Nadie es acosado voluntariamente. Nadie pide que la miren, ni que le griten algo por la calle; eso ocurre cuando un hombre decide que tiene el privilegio de hacerlo.

ISMAEL

No os podéis imaginar lo mucho que he sufrido y sigo sufriendo con todo esto… sobre todo, por lo mal que lo están pasando mis padres, mis hijos y toda la gente que me quiere, que sé que es mucha. Desde el mismo día que Nevenka anunció la querella fui juzgado y condenado de forma automática por muchas personas que ni siquiera me conocían. Yo les juro, que desde que entré en política, a los cuarenta años, no he hecho otra cosa más que trabajar infatigablemente por Ponferrada y sus pueblos.

NEVENKA

Tengo veintiséis años… y dignidad. Desde que prometí mi cargo como concejal he intentado esforzarme y trabajar al máximo por este ayuntamiento y por sus ciudadanos. Muy pronto el alcalde de esta ciudad, Ismael Álvarez, quiso ir bastante más allá. Tras varios meses de sutil insistencia, lo consiguió.

ISMAEL

Las acusaciones efectuadas por Nevenka Fernández hacia mí, son absoluta y rotundamente falsas. Es absolutamente falso. En ningún momento existió acoso de ningún tipo. Nunca. Ni en ningún lugar. Nunca.

NEVENKA

Poco después, la relación acaba. Es a partir de ese momento cuando empieza mi infierno. Mi negativa provocó su acoso y un desprecio agresivo hacia mi trabajo y hacia mi persona mediante descalificaciones, actos y vejaciones que atentaron contra mi integridad física y psíquica.

ISMAEL

Quiero desear a Nevenka que sea feliz. Que Dios me envíe a mí todos los males que yo pudiera desearle a ella. Sólo le pido, por favor, que ahora me deje ya. Me solidarizo con todas las mujeres que, de verdad, sufren acosos sexuales o de cualquier otro tipo.

NEVENKA

He meditado mucho antes de tomar esta decisión. He pasado muchas noches sin dormir, tratando de encontrar la manera de olvidar lo ocurrido, pero no puedo.

ISMAEL

Doy las gracias a todos los que me han apoyado y me

siguen apoyando. He sido alcalde de Ponferrada durante siete años. Gracias por tanto cariño. Ahora deseo que ese cariño se lo brindéis también a mis compañeros y amigos que continúan en el ayuntamiento trabajando por esta ciudad. Un abrazo y hasta siempre.

NEVENKA

Estas y solo estas son las razones que han motivado el que hoy presente mi dimisión irrevocable como concejal de este ayuntamiento que también es el mío porque me vio nacer. Por supuesto, ya he presentado la correspondiente denuncia judicial y espero que con el tiempo se haga justicia. Gracias a todos por estar aquí y gracias por escucharme.

Suenan de nuevo audios de apoyo al alcalde: ¡Ismael! ¡Ismael! ¡Nunca hemos tenido un alcalde más bueno que este! ¡A mí nadie me acosa si yo no me dejo! ¡Is-ma- el! ¡Is-ma-el!

FIN